# COLLECTION

# ROQUEPLAN

QUATRIÈME VENTE.

MARTINET ET HENOY,
Imprimeurs de la Compagnie des ... assurances françaises
rue de Rivoli, 1.

# CATALOGUE

# D'ESTAMPES

## DESSINS ANCIENS, AQUARELLES

Trente reproductions d'après divers maîtres, dont quelques unes retouchées par **C. ROQUEPLAN**, Livres à figures, et ALBUM PARTICULIER DE l'ARTISTE,

DONT LA VENTE, AUX ENCHÈRES PUBLIQUES, AURA LIEU

Après décès de

# CAMILLE ROQUEPLAN

## HOTEL DES COMMISSAIRES-PRISEURS

### RUE DROUOT, N° 5

Salle n. 3,

LE LUNDI 17 DÉCEMBRE 1855, A 1 HEURE TRÈS PRÉCISE.

Par le ministère de M° **CHARLES PILLET**, Cre-Priseur,
rue de Choiseul, 11,
Successeur de M. BONNEFONS DE LAVIALLE,

Assisté de M. **FEBVRE**, Expert, rue de Choiseul, 13,

*Chez lesquels se distribue le présent Catalogue.*

**EXPOSITION PUBLIQUE**
Le Dimanche 16 Décembre, de midi à 5 heures.

**1855**

# CONDITIONS DE LA VENTE

La vente sera faite au comptant.

Les adjudicataires paieront cinq centimes par franc, en sus des enchères, applicables aux frais.

# DÉSIGNATION

# DES TABLEAUX.

—◆—

## D'APRÈS CAMILLE ROQUEPLAN & AUTRES MAITRES.

1 — ROQUEPLAN (d'après), par Bard, retouché par le maître. Le Passage du ruisseau. Tiré de Jean-Jacques.

2 — La Promenade dans le parc.

3 — Le Champ de blé. Paysage. Retouché par Roqueplan.

4 — Vue prise à Biaritz.

5 — La Récompense. Retouché par le maître.

6 — MÊME COMPOSITION, mais moins complète.

29 — Jeunes Béarnaises allant à la fontaine.

30 — CLÉMENT BOULANGER. Un tableau sur pierre, de
Wolvick.

31 — PAUL DE LAROCHE (d'après, par Midy). Les Enfants d'Edouard. Aquarelle.

32 — RUBENS (d'après, par Bard). Débarquement de
Marie de Médicis sur le sol de France.

33 — Répétition réduite du précédent tableau.

34 — L'Education de la Vierge, d'après le même.

35 — VELASQUEZ (d'après). Un Seigneur de la cour de
Charles-Quint.

36 — Album composé de 34 dessins, sepia, aqua-
relles, par Bonjean, Colin, Forest, Francia,
Fielding, Géricault, Gué, Prud'hon, Régnier,
Rouargue, Schelfout, Stow, etc.

## GRAVURES D'APRÈS WATTEAU.

NOTA. Nous avons cru devoir reproduire textuelle-
ment l'orthographe des gravures dans les désignations
des sujets.

37 — AVELINE (P., d'après Watteau). Diane au bain.

38 — Récréation italienne.

39 — La Famille.

40 — MOYREAU. Quatre pièces en hauteur. L'Enjôleur.

41 — Le Vendangeur.

42 — Bacchus.

43 — Le Frileux.

44 — AUBERT (M.). Fêtes au dieu Pan.

45 — Rendez-vous de chasse.

46 — Six pièces représentant des sujets chinois, quatre en travers et deux en hauteur.

47 — BARON. L'Accord parfait.

48 — Comédiens italiens.

49 — BOUCHER (François). Les Quatre Saisons, en hauteur.

50 — Suite de douze pièces, Chinois et Chinoises.

51 — COCHIN (Ch.-N.). L'Amour au théâtre italien.

52 — Le Mariée de village.

53 — Retour de Campagne.

54 — La Mariée de village.
Très belle épreuve, mais rognée.

55 — CRÉPI (N.). Paravent de six pièces en hauteur.

56 — La Perspective.

57 — DESPLACES (Louis). Le Repas de campagne.

58 — JEAURAT. Suite de douze pièces, costumes chinois.

59 — DE LARMESIN (Nicolas). L'Hiver.

61 — HUQUIER. Les Quatre Saisons.

62 — Les Cinq Sens.

Deux suites composées chacune de six pièces pour écran.
Deux pièces en largeur.

63 — L'Amusement.

64 — L'Heureuse Rencontre.
Deux pièces en largeur.

65 — Divinités chinoises.

66 — Empereur chinois.

67 — Les Quatre Saissons (médaillons).

68 — Les Quatre Saisons en largeur.
Quatre pièces en hauteur.

69 — La Grotte.

70 — Le Berceau.

71 — Le Théâtre.

72 — La Déesse.

73 — Les Quatre Éléments en hauteur.

74 — Les Jardins de Cythère.

75 — Les Jardins de Bacchus.

76 — Le Temple de Diane.

77 — Le Temple de Neptune.

96 — Les Singes de Mars.

97 — La Cause badine.

98 — Les Enfants de Momus.

---

99 — Fêtes bachiques, par Jean Moyreau.

100 — La Balanceuse, par Le Bas.

101 — Partie de chasse, par G. Scotin.

102 — Le Mal, par P. Aveline.

103 — Scotin (G.). Les Fatigues de la guerre.

104 — Tardieu (Nicolas-Henri). L'Embarquement pour Cythère.

Très belle épreuve, mais rognée au trait carré.

105 — Les Plaisirs. Pastoral.

106 — Watteau (Antoine). La Troupe italienne, épreuve avec l'adresse de François Chereau.

107 — Autre sujet faisant pendant, gravé d'après le le même par Thomassin le fils.

(Ces deux estampes sont imprimées sur la même feuille.)

103 — Trois pièces d'après le même :

Le Galant, par B. Audran.

Vénus blessée par l'Amour, par S. Aveline.

L'Escarpolette, par L. Crepi.

Plus un titre, l'Art et la Nature.

100 — Quatre pièces en largeur d'après le même :

Le Berger content, par L. Crepi.

Le Marchand d'orviétan, par J. Moyreau.

La Favorite de Flore, par le même graveur.

L'Heureux moment, par L. Crepi.

110 — Cinq pièces d'après le même :

Dessus de clavecin, par Caylus.

Dénicheur de moineaux, par le même.

Un autre sujet, figures et ornements, par le même.

La Voltigeuse, par Huquier.

Les Canards, par Jeaurat.

111 — Quatorze pièces d'après le même, par divers graveurs.


## GRAVURES PAR DIVERS MAITRES.

112 — ARDELL (James-Mac). Le portrait en pied de Rubens, ayant à côté de lui sa femme qui mène un enfant à la lisière.

Morceau en hauteur d'après Rubens, épreuve avant la lettre.

113 — **Beam** (Ansebald). Une femme conduite par deux paysans venant prier à danser d'autres qui sont encore à table (B. 161).

114 — **Boel** (Pierre). La Chasse au sanglier (B. 7).

115 — **Bosse** (Abraham). Le Maître d'école.

116 — **Bry** (Jean-Théodore de). Marche militaire, au centre de la composition un homme porte un étendard.

117 — **Claudia Stella**. Quatorze pièces, sujets de la Passion d'après Poussin.

118 — Idem          idem.

119 — **Callot** (Jacques). Les Misèxes de la guerre.

120 — **Dietricy** (C.-G.-E.). L'Enfant Prodigue.

121 — **Frey** (Jean de). La Démonstration anatomique, par le professeur Nicolas Tulp, d'après Rembrand.

Épreuve avant la lettre.

122 — **Goltzius** (Henry). Massacre des Innocents.

123 — **Hackaert** ou **Hackert** (Jean), Les Quatre arbres. (B. 5.)

124 — Le Rocher baigné par une rivière (B. 5.)

125 — **Mercuri** (Paul). Les Moissonneurs dans les marais pontins, d'après Léopold Robert.

Belle épreuve sur papier de Chine.

126 — MULLER (Jean). Le portrait de Christien quatre, Roi de Norvège, et de Claire Eugénie, infante d'Espagne, d'après Rubens.

127 — PICHLER. Les fils de P. P. Rubens, d'après Vandick.

128 — ROTARI (Pierre). Saint-Louis, évêque de Toulouse, et la Sainte-Famille, attribuée à Pierre Facini.

120 — SCHENAU où SCHOENAU (Jean-Eléazar.) Six sujets de figures, en hauteur.

430 — SUDEYROEF (Jonas). La Chûte des reprouvées, d'après Rubens.

131 — VANDICK. Quatorze portraits d'après ce maître, un autre d'après Livens.

132 — VISSCHER (Corneille de). La Vierge aux Anges, d'après Rubens.

133 — WITDOECK (Jean). Melchisédec, d'après Rubens.

134 — Quinze pièces, par divers maîtres.

135 — Quatre pièces, par Van der Cabel, A. Genoel, Herman Swanevelt et Vaterloo.

136 — Trois pièces, par Fratel, Laurent de la Hire et Vien.

## DESSINS ANCIENS.

137 — GIORDANO (Luca). Sujet pastoral, au bistre et à l'encre de Chine.

138 — GRAF (Ursus). Sept sujets de figures à la plume.

139 — LEBAS (Jacques-Philippe). Sujet de figures à la mine de plomb, et à la plume.

140 — PACCETTI (Bernard). L'Assomption de la Vierge, à la plume, lavé d'encre de Chine, réhaussé de blanc.

141 — VERNET (Joseph). Étude d'après nature, à la mine de plomb.

142 — Études aux crayons noirs et rouges, par divers.

## LIVRES A FIGURES.

143 — Cartons de Rome et de ses environs, par Bartholomé Pinélli, gravés par Gustave, Cotta Fava, etc., 1824.

144 — Un volume in-folio. Les Artistes contemporains, lithographiées par Mouilleron, Anastasi, C. Muntent et autres.

145 — Un volume in-folio. Vues d'Italie et de Suisse, litgographiées d'après Michalon, par Villeneuve, Deroy et Renouy, 1829.

146 — Un volume in-folio. Les meilleures œuvres de Titien et Véronèse, gravées par Lefèvre. 1682.

147 — Un volume in-folio de la galerie Stukken, gravé par Ponte, d'après Rubens. 1751.

148 — Un volume in-folio. Recueil d'Estampes gravées d'après les peintures antiques, italiennes, etc., gravées par Desnoyer, Godefroy, Aubert et Potrelle.

149 — Trente lots de gravures, italiennes, hollandaises, flamandes, allemandes et françaises.

150 — Lithographies d'après Bonighton, Decamps, Géricault et autres.

151 — Les objets omis.

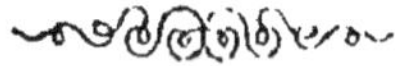

Maulde et Renou, Imprimeurs de la Compagnie des Commissaires-Priseurs
rue de Rivoli, 141.
8019